LES MONTAGNES DE MARBRE DE TOURANE

PAR

BUI-THANH-VAN

NATURALISÉ FRANÇAIS

Fondateur de l'école de Musique Française à Hué
Fondateur de l'école de Musique Cantonnaise à Hué
Fondateur du théâtre d'amateurs Annamite à Hué

DÉCORÉ

de la Médaille d'Honneur de 2e classe, en or
de la Médaille de la Mutualité en bronze
de la Médaille en argent de l'Alliance Française
du Kim-Khanh de 2e classe
du Kim-Tiên de 2e classe
du Grade de Chevalier du Dragon d'Annam
du Grade de Chevalier de l'ordre Royal du Cambodge
de la Médaille de Sisowath 1er
de la Médaille de Mouniséraphong
de la Médaille des Millions d'Éléphants

HUÉ
IMPRIMERIE DAC-LAP
BUI-HUY-TIN & Cie
1922

LES MONTAGNES DE MARBRE DE TOURANE

PAR

BUI-THANH-VAN

NATURALISÉ FRANÇAIS

Fondateur de l'école de Musique Française à Hué
Fondateur de l'école de Musique Cantonnaise à Hué
Fondateur du théâtre d'amateurs Annamite à Hué

DÉCORÉ

de la Médaille d'Honneur de 2e classe en or
de la Médaille de la Mutualité en bronze
de la Médaille en argent de l'Alliance Française
du Kim-Khanh de 2e classe
du Kim-Tiên de 2e classe
du Grade de Chevalier du Dragon d'Annam
du Grade de Chevalier de l'ordre Royal du Cambodge
de la Médaille de Sisowath 1er
de la Médaille de Mouniséraphong
de la Médaille des Millions d'Eléphants

HUÉ
IMPRIMERIE DAC-LAP
BUI-HUY-TIN & Cie
1922

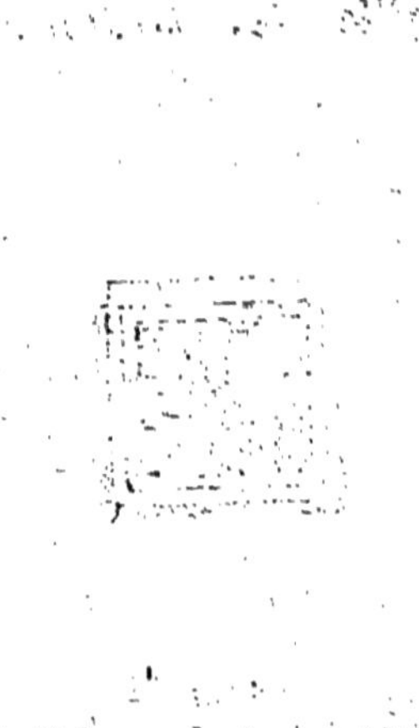

LES MONTAGNES DE MARBRE DE TOURANE

Oui, tous les noms donnés à ce groupe de rochers ont leurs significations exactes. Ainsi, montagnes de Marbre par les Français,

Ngŭ-Hành-Sơn par le Gouvernement annamite,

Chùa-Non-Nước par la population s'expliquent de la façon suivante :

1. — « Montagnes de Marbre » est tiré du nom de la matière qui compose les monts. Le marbre n'apparaît pas à l'œil. Comme toutes les substances similaires, il se recouvre d'une croûte à la teinte tout à fait différente de celle qu'il renferme. Sa surface est formée par l'adhésion des matières étrangères accumulées par les intempéries des temps. Il doit être ouvert pour donner son coloris au jour. Qu'on se détrompe donc de l'illusion des veines marbrées qui s'offrent de loin à la vue. En raison de leur approchement de la ville de Tourane, terre française, les Européens se sont plu à désigner les monticules sous le nom de « Montagnes de Marbre de Tourane » bien qu'ils appartiennent à la province de Quang-nam qui céda ce port maritime à la France par l'ordonnance royale du 3 Octobre 1888.

2. — A titre officiel, le cour d'Annam a réservé un nom à chacun des cinq rochers qui s'isolent dans cette région.

Métal : Kim

Bois : Mộc

Eau : Thủy

Terre : Thổ

Feu : Hỏa

La réunion des noms de cinq éléments des phénomènes de la nature fait Ngú-Hành-Sơn ou Montagnes des cinq éléments. Toutes ces appelations sont prononcées en caractères chinois. Leur choix s'est basé sur la recherche des mots élevés et sur la superstition. Les deux considérations ont leur valeur laquelle a arrêté les délibérations d'un Comité qui aurait été désignée à cet effet. La question ne surprendrait personne, attendu qu'elle dérive d'une coutume universelle qui veut que les pays, rivières, montagnes portent le nom d'un personnage, d'un événement, d'une forme affectée etc . . . . .

Comme curiosité, la forme des montagnes ne séduit pas les visiteurs, tandis que leurs sœurs de la baie d'Along affectent des silhouettes des plus attrayantes, des plus merveilleuses du monde. La superficie occupée par les cinq rochers complètement détachés les uns des autres sur une dune de sable aride mesure approximativment soixante hectares.

Outre leur qualité de curiosité, les monticules dont le pic le plus élevé ne dépasserait pas cent mètres de hauteur et le plus grand trois cents mètres de pourtour, représentent une puissance morale de la province du Quang-Nam dont le chef-lieu se trouve à vingt kilomètres de leur emplacement et cinq kilomètres de Tourane. Une détérioration, soit par la nature soit par la main de l'homme, jetterait leur propriétaire dans une formidable calamité. De ce chef, vient l'interdiction d'ouvrir des carrières sur aucun rocher. Une extraction né peut être tolérée que sur des blocs épars à fleur de terre. La dynamite qui a pour effet de terroriser les génies du sol et du sous-sol est exclue des procédés des ouvriers tailleurs qui emploient seulement des outils et du feu pour fendre la pierre. Les prohibtions de ce genre paralysent la marche des travaux de Tourane qui ont de jour en jour besoin d'une quantité de plus en plus considérable de pierre des montagnes de marbre pour la construction des maisons et des rues. Agir autrement serait faire fi des croyances de la Nation protégée. La sagesse commande une politique de ménagement en dépit de l'évolution du progrès.

3. — Chùa-Non-Nước, nom populaire qui veut dire " Pagode de la montagne et de l'eau ". En effet deux pagodes ont été bâties sur le rocher de l'Eau.

Depuis la suppression du tramway de Tourane à Faifoo, les moyens de voyage aux montagnes se sont réduits à deux : en sampan par la rivière de Tourane, en pousse pousse par la plage de la mer de Chine. Trente ans auparavant, on accostait au pied du rocher de la Terre. Aujourd'hui une digue en terre barrant la montée de l'eau salée oblige les embarcations à mouiller à quatre cents mètres de là. La première impression qui frappait le touriste était l'existence des singes communs. On en voyait par bandes serrées sur les arbres des rochers. A l'exception d'un seul, ils ont disparu du fait de la chasse et de l'émigration nocturne vers la grande presqu'île de Sơn-Chà du port de Tourane à une dizaine de kilomètres au Nord-Est. L'unique sujet qui est resté a reçu un compagnon lâché par les navigateurs japonais qui ont fait nauffrage sur la côte vers 1915. Les cultivateurs n'ont pas regretté la suppression de ces bêtes trop nuisibles à leurs plantatiors. Mais c'est une distraction de moins pour les voyageurs qui s'égayaient de leurs grimaces.

Le tourisme n'est attiré vers cette contrée que par la renommée des pagodes avec leurs grottes. C'est le rocher de l'Eau qui s'est illustré de ces curiosités. Quel que soit le chemin qu'on prenne et qui s'est amélioré d'une façon vraiment insensible après une marche pénible sur le sable glissant, on accède à un grand escalier d'une centaine de degrés en pierre. La montée très fatigante se divise en plusieurs haltes nécessaires au rétablissement des muscles des jambes. On arrive à la pagode semblable aux bâtiments du même genre de la plaine. Des frangipaniers, pamplemoussiers, cocotiers, pomme-canneliers, goyaviers, letchis, jasmins, rosiers, arachides, patates, courges, piments etc. . . . . . entourent la maison sacrée avec annexes pour bonzerie, cuisine, réfectoire etc. . . . . .

Le régime alimentaire du personnel religieux est aujourd'hui facultativement végétal; de même que la chasteté n'est pas non plus obligatoire. Un seul bonze conserve encore la faveur de recevoir du Gouvernement annamite une pension de deux ou trois piastres par mois. Les ressources de la main morte se créent au moyen du rendement de deux ou trois hectares de terrain accordé autrefois par la Cour d'Annam, de dons des fidèles, de pourboires des visiteurs, de frais des cérémonies demandées par les croyants.

À une altitude de cinquante ou soixante mètres, la pagode tourne vers le sud et produit à partir de sa spacieuse cour, une vue enchanteresse.

Vous entrez dans la grotte. L'issue d'abord ténébreuse trois secondes, s'éclaircit peu à peu au fur et à mesure que vous descendez l'escalier en pierre, par la lumière solaire pénétrant par une ouverture du sommet du pic. Les deux côtés de l'entrée sont gardés par des génies. La grotte mesure une trentaine de mètres de circonférence à la base et une vingtaine de mètres de hauteur. Son intérieur a la forme d'un cône tronqué et se garnit de quelques pagodons et statues sans aucun intérêt, sous tous les rapports. Dans une cavité, deux proéminences en pierre donnant l'illusion à deux mamelles qu'on dirait, à les regarder attentivement, burinées exprès. Sous l'une d'elles une jarre en grès reçoit des gouttes d'eau qui en tombent pendant la saison humide et qui cessent de couler en saison contraire. L'eau recueillie sert à la préparation

des offrandes aux esprits. L'autre mamelle ne ruis-
selle plus depuis qu'un Empereur (Minh-Mạng?)
a commis le sacrilège d'y poser la main. Les parois de la grotte se tapissent des saillies qui res-
sembleraient à des trompes d'éléphant, des autru-
ches etc. . . . . La fraicheur qui règne dans la
caverne paraîtrait suscesptible d'engendrer une fièvre
aux santés débiles pour lesquelles la prudence re-
commandèrait de ne pas y séjourner au delà du
temps nécessaire à la visite.

On remonte l'escalier pour sortir. Une fois revenu
à l'air libre on suit un sentier qui passe dans une
petite gorge pour se rendre à l'autre pagode du côté
opposé à celle qu'on a visitée à l'instant. On l'atteint
en deux minutes après une escalade assez douce sur
un chemin facile entre deux pics sur les parois des-
quels se cramponnent des lianes, des aloès et une
multitude d'autres arbustes où viennent nicher un
grand nombre de pies, merles, geais, perroquets, tour-
terelles corbeaux ect. . . . .Cette deuxième maison de
culte est, relativement à la première, de dimensions
modestes avec des dépendances comportant des
dispositions pareilles. Même règle de vie pour le
personnel. Pas de différence de plantations dans des
coins minuscules. Elle regarde la mer qui, par contre
est invisible de la première pagode. Tous les bâtiments qui se trouvent sur le rocher sont en maçon-
nerie.

Avec des torches tenues par des bonzes novices
on va jeter un coup d'œil aux petites grottes des
Lanternes et des Pommes de terre. Ainsi nommées

ces grottes contiennent des stalactites et des stalag-
mites représentant les formes caractérisées.

Enfin on regagne la dune de salle en descendant
l'escalier qui est aussi grand que celui par lequel on
est monté. Les bonzes conducteurs vous suivent jus-
qu'à ce qu'une gratification leur fasse signe de sépa-
ration.

Ainsi que l'on a pu s'en rendre compte, l'excursion
n'a révelé aucune curiosité naturelle ou artificielle jus-
qu'à réduire l'excursionniste en extase. Néanmoins le
snobisme ne saurait non plus lui être reproché. C'est
toujours un genre de nouveauté pour lui et sa peine
ne serait pas à regretter. Il pourrait, s'il voulait, con-
sulter les pages savantes écrites par M. Ricquebourg
Sous Directeur des Douanes et Régiés à Tourane,
sur la naissance légendaire des Montagnes. Ses in-
vestigations ne seraient pas complètes, s'il dédai-
gnait de s'intéresser aux ouvriers de pierre. Qu'il
fasse quelques pas vers ces groupes des tailleurs
travaillant en plein air malgré la chaleur accablante
projetée par le sable à gros grains ou sous des abris
bas en chaume. Hommes, femmes, enfants s'occupent à
la fabrication des services à thé et à liqueur, des pres-
se-papiers, lions, tigres, chevaux, grenouilles, oiseaux,
des dessus de table, des madriers pour lit de camp
et un grand nombre d'autres objets. Ils sont à plain-
dre. Avec des outils très rudimentaires, ils arrivent
tout de même à dérocher des rocs d'un volume co-
lossal pour la confection des tombeaux très artistiques
commandés par des richissimes saigonnais et valant

jusu'à dix à quinze mille piastres chaque. Jamais vie si florissante pour ces braves tailleurs qui, il y a trente ans, vivaient souvent mandés par les autorités annamites à qui, ils devaient la gratuité du travail ou qui leur distribuaient un peu de riz pour ne pas les laisser mourir de faim, De plus, le manque de débouchés aggravait la marche de leur profession. Tandis que maintenant, autre temps autres mœurs. Sous la tutelle de la France généreuse et humanitaire, les beaux jours luisent sur eux ainsi que sur tous leurs compatriotes. Leur activité et leur loyauté n'ont pu que, durant ces dernières années, contribuer à améliorer fort sensiblement leur sort. Bonne table, bon lit, bonne tenue règnent à l'heure présente dans les familles de tant d'humbles qui, après le repas du soir agrémenté de viandes et arrosé du Bordeaux, du Bourgogne même du champagne certains jours solennels, se remettent à l'ouvrage à la fraîcheur des nuits lunaires, en chantant les louanges de la Mère Protectrice, les bonheurs de l'Annam et la reconnaissance des Annamites.

Hué, Août 1922

BUI-THANH-VAN

DU MÊME AUTEUR

www.ingramcontent.com/pod-product-compliance
Lightning Source LLC
LaVergne TN
LVHW021819060726
842528LV00004B/1423